고조선, 우리 역사의 시작

※ 이 책에 사용된 사진은 저작권자의 허락을 받아 실었습니다. 저작권자를 찾지 못하여 게재 허락을 받지 못한 사진은 저작권자가 확인되는 대로 게재 허락을 받아 재쇄에 저작권자를 표기하겠습니다.

처음부터 제대로 배우는 한국사 그림책 24

고조선, 우리 역사의 시작 _강화 참성단이 들려주는 고조선과 단군 이야기

초판 1쇄 인쇄 2024년 6월 28일
초판 1쇄 발행 2024년 7월 9일

글 김일옥
그림 김호랑

펴낸곳 도서출판 개암나무(주)
펴낸이 김보경
경영관리 총괄 김수현   **경영관리** 배정은 조영재
편집 조원선 김소희 오은정   **디자인** 이은주   **마케팅** 이기성
출판등록 2006년 6월 16일   제22-2944호

주소 서울특별시 용산구 한남대로40길 19, 4층(한남동, JD빌딩) (우)04417
전화 (02)6254-0601, 6207-0603   **팩스** (02)6254-0602   **E-mail** gaeam@gaeamnamu.co.kr
개암나무 블로그 http://blog.naver.com/gaeamnamu   **개암나무 카페** http://cafe.naver.com/gaeam

© 김일옥, 김호랑, 2024
이 책의 저작권은 저자에게 있습니다. 저자와 출판사의 허락 없이 내용의 일부를 인용하거나 발췌하는 것을 금합니다.

ISBN 978-89-6830-823-9 74900
ISBN 978-89-6830-122-3 (세트)

품명 아동 도서 | **제조년월** 2024년 7월 9일 | **사용연령** 10세 이상
제조자명 개암나무(주) | **제조국명** 대한민국 | **전화번호** 02-6254-0601
주소 서울특별시 용산구 한남대로40길 19, 4층(한남동, JD빌딩)

강화 참성단이 들려주는
고조선과 단군 이야기

고조선, 우리 역사의 시작

김일옥 글 김호랑 그림

개암나무

산 서쪽 제일 높은 곳에 돌을 쌓아
대를 만드니 이른바 참성단이라.
세상에서 전하되 단군께서 제단을 쌓아 한얼께 제사 지낸 곳이라.

_숙종 26년(1700년), 참성단을 다시 세우면서 새긴 비문 중에서

저 멀리 태백산 검룡소에서 흘러나온 작은 물줄기는
크고 작은 강들을 만나 한강이 된단다.
한강은 서울을 도도히 지나
넓은 김포평야에서 서해로 흘러들어 가지.
서해에서 김포평야를 마주 보며
우뚝 솟아 있는 강화도가 보이니?
그곳에 내가 있단다.

나는 강화도 마니산에 있는 참성단이야.

참성단은 단군왕검 때부터 하늘에 제사를 지내던 곳이란다.

단군왕검은 고조선의 가장 남쪽 지방,

강화도 마니산에 둥글게 터를 닦고 그 위에 네모난 단을 만들어

해와 달 그리고 별을 바라보며 제사를 올렸어.

여기선 저 멀리 넘실대는 서해와

산 아래 마을 사람들이 잘 보여.

아주 오래전, 그곳에는 용감한 두 아이가 살았어.
강돌과 바우였지.
둘은 나이가 비슷했지만, 신분은 달랐어.
강돌은 족장님의 손자야.
말을 잘 타고 사냥도 잘하는 용맹한 아이였어.
바우는 평범했어. 다친 동물이나 꺾인 꽃을 보면
지나치지 못하는 다정한 성격이었지.

둘이 처음부터 친했던 건 아니었어.
어느 날, 바우가 심부름을 갔다가 마을로 돌아오는 중이었어.
갑자기 소낙비가 후드득 떨어지는 게 아니겠니?
바우는 근처 고인돌 아래로 뛰어갔어.
얼마 전 돌아가신 족장님의 무덤이었지.
"갑자기 웬 소나기야. 흠뻑 젖었네."
바우는 젖은 옷을 벗어 물을 쭉 짜다가 깜짝 놀랐어.
고인돌 기둥 뒤편에 누군가가 있었거든. 강돌이었지.

"어? 안녕하세요?"
강돌도 바우를 보고 놀란 눈치였어.
강돌의 눈에 눈물이 맺혀 있었거든.
조용히 비가 그치기만을 기다리다가 바우가 먼저 말을 걸었어.
"강돌 님은 여기 자주 오시나 봐요. 저희 밭이 이 근처라
강돌 님이 여기 계시는 걸 가끔 봤어요."
바우는 서둘러 말을 덧붙였어.
"돌아가신 족장님께 마을을 지켜 달라고 기도하고 계셨죠?"

강돌은 내리는 빗줄기를 가만히 바라보다가 입을 열었어.
"할아버지를 만나고 싶어.
꿈에라도 꼭 한번 나와 달라고 해도 도통 안 오시네."
"왜 그리 보고 싶어 하시는 거예요?"
"꼭 물어보고 싶은 게 있거든……."
그때 다그닥다그닥 요란한 말발굽 소리가 들렸어.
새 족장, 강돌의 삼촌이었어.

새 족장님과 마을 어른들은
내리는 비는 아랑곳하지 않고 어디론가 달려갔어.
삼랑성으로 가는 건지도 몰라.
전쟁이 날지 모른다며 요즘 마을 분위기가 어수선했거든.
"그렇다면 마니산으로 가 보시는 게 어때요?"
"마니산?"
"네. 그 꼭대기에 참성단이 있잖아요.
하늘과 가까우니 거기서 기도하면 꿈에 나타나실지 모르죠."

다음 날, 마을 어른들은 도랑에서 자갈을 걷어 내고 있었어.
산에서 흘러나온 물이 돌과 자갈로 막히면 안 되니까 말이야.
바우는 아이들과 돌멩이 아래 숨은 가재를 잡느라 바빴지.
"멍멍!"
개 짖는 소리에 바우가 고개를 들어 보니,
강돌이 보였어.
바우는 강돌에게 뛰어갔지.
"우리 마니산에 가자. 내가 활 쏘는 법 가르쳐 줄게."
바우는 고인돌 아래서 눈물을 훔치던 강돌의 모습이 떠올라
같이 가기로 했어.
그렇게 둘은 함께 마니산을 올랐어.
가면서 제단에 올릴 토끼도 활로 잡았지.

가파른 산길을 올라 참성단에 이르자 감탄이 저절로 나왔어.
손에 잡힐 듯 가깝게 느껴지는 하늘과
산 아래 그림처럼 펼쳐진 바다와 섬들이 정말 멋졌어.
"와, 여기서는 바다 멀리까지 다 보이네요."
포구에는 강화로 들어오려는 배 수십 척이 떠 있었어.
"이렇게 많은 배가 한꺼번에 들어온 적은 없었는데?"
바우는 처음 보는 낯선 형태의 배가 신기했어.
둘은 곧 참성단 앞으로 갔어.
강돌은 직접 사냥한 토끼를 제단 위에 올려놓았어.
어른처럼 진지하게 제사 지내는 강돌을
바우는 물끄러미 바라보았어.
'무슨 소원을 비는 걸까?'

매년 추수가 끝나면 단군왕검은 여기서 제사를 지냈어.
제삿날이 되면 마을은 멀리서부터 제물을 가지고 온
외지인들로 북적거렸어.
제물은 한 해 동안 농사를 지어 거두어들인 곡식과
이제 막 사냥한 신선한 고기였지.
사람들이 정성스럽게 음식을 차리고 제사 지낼 준비를 하면
단군왕검이 앞으로 나왔어.
단군왕검의 손에는 청동 검과 청동 방울이 들려 있었지.
하늘 높이 치켜든 청동 검과 가슴에 달린 청동 거울에는
태양 빛이 반짝였어.
그곳에 모인 모든 사람을 축복해 주듯이 말이야.
방울 소리가 울리자 사람들은 마음이 벅차올랐단다.

"그런데요…… 정말 단군왕검이 하늘에서 내려왔을까요?"

바우는 강돌에게 물었어,

강돌은 마을 아이들보다 아는 게 많았거든.

"단군왕검이 아니라 단군왕검의 아버지 환웅이 하늘에서 내려오셨지."

강돌은 바우에게 단군왕검의 이야기를 들려주었어.

하늘나라를 다스리는 환인의 아들 환웅은
늘 인간 세상으로 가고 싶어 했어.
환인은 환웅에게 청동 검과 청동 방울,
청동 거울을 주면서 말했어.

"널리 인간을 이롭게 하는 세상을 만들어 보아라."
환웅은 바람을 다스리는 풍백, 구름을 다스리는 운사,
비를 다스리는 우사와 함께 인간 세상으로 내려왔어.
그러고는 인간들에게 세상 살아가는 법을 가르쳐 주었어.
환웅이 다스리는 세상은 참 살기 좋았대.

그러던 어느 날, 곰과 호랑이가 환웅을 찾아왔어.

"우리도 사람이 되게 해 주세요."

환웅은 곰과 호랑이에게 쑥과 마늘을 주면서 말했어.

"동굴에 들어가 100일 동안 쑥과 마늘을 먹으면 사람이 될 게다."

세상에서 사람으로 살아가는 방법도 가르쳐 주었지.

"사람을 다치게 하거나, 죽이면 안 되느니라. 도둑질을 해서도 안 된다."

곰은 고개를 끄덕였지만, 호랑이는 입을 삐죽거렸어.

결국 호랑이는 100일을 채우지 못하고 동굴을 뛰쳐나갔어.

곰은 꾹 참고 견뎌 사람이 되었지.

여자가 된 곰은 환웅과 결혼하여 단군왕검을 낳았어.

단군왕검은 쑥쑥 자라서 나라를 세우고 왕이 되었지.

"단군왕검이 세운 나라가 바로 우리나라, 고조선이야!"
강돌은 우쭐대며 바우에게 설명해 주었어.
하지만 바우는 여전히 궁금한 게 많았어.
"그럼 단군왕검의 아버지는 하늘님의 아들이고,
어머니는 사람으로 변한 곰이에요?"
"설마 진짜 곰이 사람으로 변했겠니!"
강돌과 바우는 제물로 올렸던 토끼를 불에 구워 먹으며
계속 이야기했지.

예로부터 우리 부족은 태백산 근처에 자리 잡고 살았어.

비와 구름, 바람이 함께했다니,

우리는 예전부터 농사를 지어 먹고사는 부족이었나 봐.

그러던 어느 날, 곰을 섬기는 부족과 호랑이를 섬기는 부족이

우리와 함께 살기를 원했어.

각자 다른 방식으로 살아온 부족들이

함께 어울려 살기 위해서는 규칙이 필요했어.

곰 부족은 새로운 풍습에 적응하고, 우리와 잘 어울려 지냈지만,

호랑이 부족은 그렇지 않았어.

동굴을 뛰쳐나간 호랑이처럼 자기들 방식대로 산다면서 떠난 거야.

이후 하늘 부족과 곰 부족은 서로 혼인하여 낳은 아이를
새로운 지도자로 세웠어.
그분이 바로 '고조선'을 세운 단군왕검이란다.
단군왕검은 하늘에 제사를 지내는 제사장이며,
사람들을 다스리는 지배자라는 뜻이야.
1대 단군왕검, 2대 단군왕검, 3대 단군왕검,
차례대로 이어받으면서 하늘에 제사를 지냈어.

"우아, 강돌 님은 어쩜 그렇게 아는 게 많아요?"
바우는 고기 먹는 것도 잊은 채 감탄했지.

강돌은 산을 내려오며 마음속에 묻어 두었던 이야기를 했어.
"할아버지가 나더러 마을 사람들을 잘 이끌고 지켜 줘야 한댔어. 그래서 나는…… 할아버지 후계자가 나인 줄 알았지."
하지만 새로운 족장은 강돌의 삼촌이었어.
"삼촌이 그러는데 나는 전쟁 중에 죽은 할아버지 친구의 아들이래."
"네?"
"할아버지는 왜 친손자도 아닌 나한테 공부랑 활쏘기를 가르치셨을까?"
바우는 아무 말도 할 수 없었어.
"할아버지를 만나면 물어보고 싶어. 할아버지한테 난 어떤 존재였냐고."

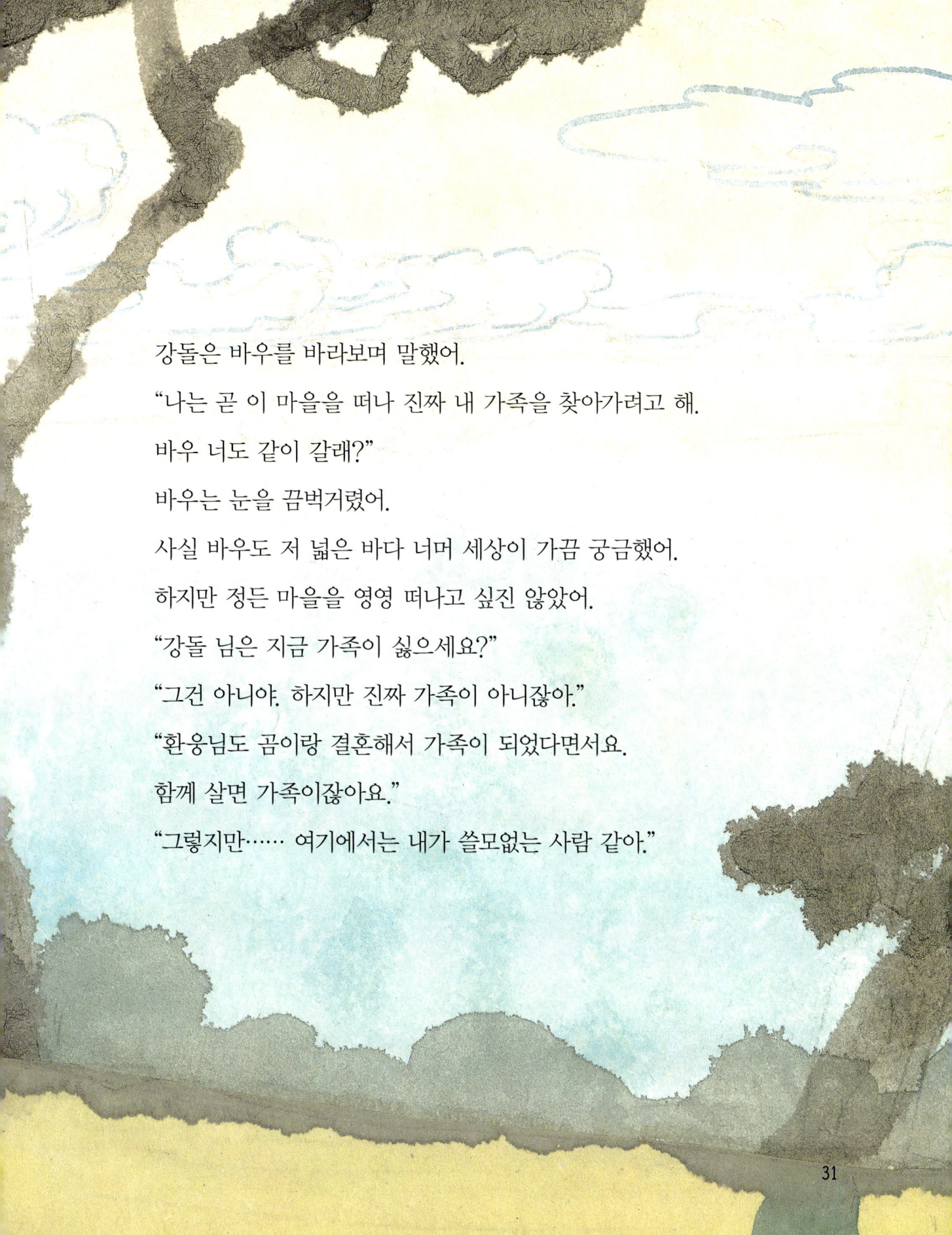

강돌은 바우를 바라보며 말했어.

"나는 곧 이 마을을 떠나 진짜 내 가족을 찾아가려고 해. 바우 너도 같이 갈래?"

바우는 눈을 끔벅거렸어.

사실 바우도 저 넓은 바다 너머 세상이 가끔 궁금했어.

하지만 정든 마을을 영영 떠나고 싶진 않았어.

"강돌 님은 지금 가족이 싫으세요?"

"그건 아니야. 하지만 진짜 가족이 아니잖아."

"환웅님도 곰이랑 결혼해서 가족이 되었다면서요. 함께 살면 가족이잖아요."

"그렇지만…… 여기에서는 내가 쓸모없는 사람 같아."

다음 날, 바우는 강화 포구에 소금을 얻으러 갔다가
한반도 남쪽의 특산물을 사겠다는 한나라 상인을 만났어.
"남쪽에서 온 상인을 만나려면 어디로 가야 하느냐?"
"저희 족장님께 가면 남쪽의 특산물을 살 수 있어요."
우리 고조선이 중계무역을 한다는 것도 모르다니!
이 상인은 무역을 처음 해 보나 싶었어.

중계무역 다른 나라에서 수입해 온 물건을 그대로 다른 나라에 수출하여 이익을 얻는 무역.

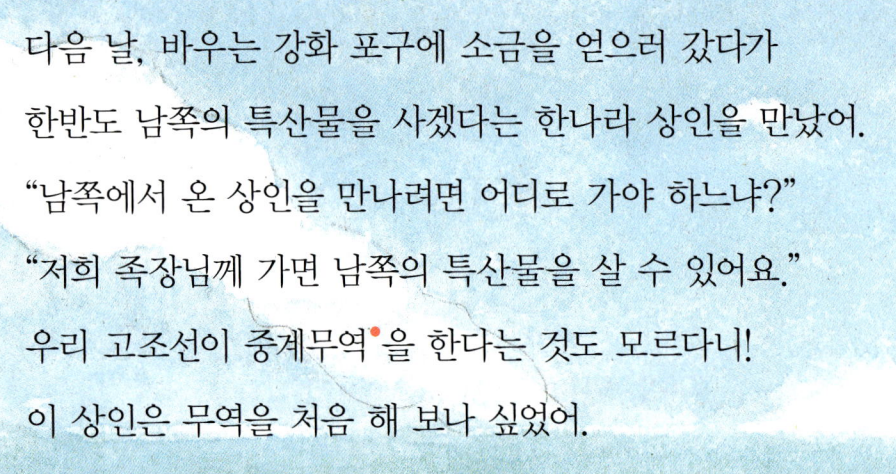

바우는 한나라 상인을 족장님께 데려다주기로 했어.

상인은 마을로 가면서 바우에게 이것저것 물었어.

마을에 사람들은 얼마나 사는지, 말은 몇 필이나 있는지 말이야.

"말도 소도 엄청 많아요. 돼지랑 닭도요.

가축도 사시게요? 가축은 북쪽 유목민이 훨씬 싸게 팔아요."

"하하하, 고맙구나."

한나라 상인은 크게 웃었지.

"그런데 여기 삼랑성에는 성을 지키는 군사가 얼마나 있니?"

"삼랑성에요?"

삼랑성은 단군왕검의 세 아들이 쌓은 성이야.

강화도를 지키는 아주 중요한 곳이지.

"아주 힘센 병사들이 많아요."

"구체적으로 얼마나 되는데? 주로 활을 쏘니? 아니면 창?"

'그런 게 왜 궁금할까?'

바우는 한나라 상인이 조금 이상하다고 생각했어.

"그런 건 족장님께 여쭈어보세요."

상인은 족장님을 만나기 전에
삼랑성을 꼭 한번 구경해 보고 싶다고 했어.
"길을 안내해 주면 너에게 이걸 주마!"
상인이 꺼낸 건 명도전이었어.
한나라 상인들이 쓰는 철로 만든 돈이지.
청동보다 단단해서 쉽게 닳지도 않는대.
명도전으로 쌀도, 옷감도 살 수 있어.
삼랑성이 있는 정족산으로 가는 길은 제법 멀었지.
하지만 명도전을 얻을 수 있다면…….
바우는 신이 났어.
명도전으로 돼지를 몇 마리나 살 수 있을까?
돼지가 새끼를 낳고 또 낳으면 금방 부자가 되겠지?
바우는 상인을 데리고 삼랑성으로 갔어.
한나라 상인은 낯선 길을 걸어갈 때마다 나무에 붉은 끈을 묶었어.
"그건 왜 묶는 거예요?"
"다음에 이걸 보고 찾아오려고 그런단다."

상인은 삼랑성에 들어가 군장님을 뵈었단다.
"이건 저희 상인들을 보호해 주시는
삼랑성 군장님께 드리는 선물이랍니다."
"하하하, 감사하오."
단단한 철 검을 받아 쥔 군장님은 기분이 좋은 듯했어.
상인을 족장님께 잘 안내하라고 바우에게 당부하셨지.

늦은 오후가 되어서야 상인과 함께 마을에 들어섰어.

망대 위에서 보초를 서던 마을 아저씨가 소리쳤어.

"바우냐? 누구랑 같이 온 거지?"

"포구에서 만난 한나라 상인이에요. 남쪽 특산품을 사고 싶다기에 모셔 왔어요."

상인이 오갈 때마다 마을이 부유해졌기에, 상인은 언제나 환영받았어.

"어서 들어오시게."

상인은 마을 여기저기를 둘러보았어.

마을에 빙 둘러쳐진 울타리와 물이 흐르는 해자, 적의 공격을 방어하기 위해 세워 둔 목책을 꼼꼼히 살펴보는 듯했어.

해자 적의 침입을 막기 위해 성 둘레에 파 놓은 연못.
목책 말뚝을 박아 만든 울타리.

바우는 상인을 족장님께 데려갔어.

족장님은 마을에서 가장 넓은 네모난 움집에 살아.

기둥을 여러 개 박아 벽을 세운 커다란 집이지.

마을 어른 스무 명이 한꺼번에 들어가도 될 만큼 아주 컸어.

움집 안쪽 화덕에는 불이 활활 타오르고 있었어.

바우는 커다란 의자에 앉아 계신 족장님께 인사하고 밖으로 나왔어.

마을 공동 아궁이에서 맛있는 밥이 익어 가고 있었어.
바우는 저녁을 먹으면서 강돌을 찾았어.
지난번에 만났을 때 강돌의 얼굴이 어두웠던 게
걱정스러웠거든.
그런데 이게 웬걸, 강돌이 다락 창고에 갇혀 있대.
족장님 갑옷에 달린 청동 단추를 훔쳤다는 거야.
"강돌 님이 도둑이라니, 말도 안 돼요!"

바우는 다락 창고로 강돌을 찾아갔어.

곡식이 가득 들어찬 커다란 토기 사이로 강돌이 누워 있었어.

"강돌 님, 진짜로 족장님의 청동 단추를 훔친 거예요? 거짓말이죠?"

"누가 그래? 아니야."

고조선에는 도둑질하면 노예가 된다는 법이 있어.

그걸 피하기 위해서는 50만 전을 내야 해.

청동 단추를 훔치지 않았다니, 정말 다행이었지.

아무리 강돌이라도 그렇게 큰돈이 있을 리가 없으니까.

"그럼, 왜 여기 갇혔어요?"

"할아버지가 내게 주신 청동 단추를 팔겠다고 해서
족장님께 벌 받는 중이야."

족장님이나 후계자만 가질 수 있는 귀한 청동 단추를 팔겠다니!

바우는 믿을 수가 없었어.

"이제 청동 단추는 아무짝에도 쓸모없어.
나는 단단한 강철 무기를 가지고 싶어."

'강철이 도대체 뭔데 그렇게 갖고 싶을까?'

바우는 이해할 수 없었어.

"철로 만든 칼이나 화살촉은 청동 검보다 훨씬 단단하고 날카로워.

북쪽에서는 농기구도 철로 만들어 사용한대.

철 쟁기나 보습으로는 땅을 아주 깊게 팔 수 있어.

그러면 곡식들도 쑥쑥 자라서 열매도 많이 열린다더라."

"이런 쇠붙이가 그렇게 좋은 물건이란 말이에요?"

바우는 상인이 준 명도전을 내밀었어.

강돌은 자리에서 벌떡 일어나며 물었어.

"이거 어디서 났어?"

바우는 한나라 상인을 삼랑성까지 데려다주었다고 이야기했어.

그 상인이 지금 족장님을 만나고 있다는 말도 했지.

"제가 족장님과 상인이 하는 말을 엿들었는데,
쇠붙이는 청동만큼 귀하지 않대요.
우리가 남쪽의 쇳덩이를 많이 가져다주면
철광석 녹이는 기술자를 데려올 수 있다고 했어요.
그러니까 강돌 님도 곧 철로 된 칼을 가질 수 있을지 몰라요."
"좀 이상한데?"
강돌은 고개를 갸웃거렸어.
"그 대가로 뭘 달라고 하든?"
"글쎄요? 그건 저도 잘 모르죠."
강돌은 귀한 기술을 쉽게 가르쳐 주겠다는 상인이 수상했어.

며칠 후, 강돌이 말을 타고 바우를 찾아왔어.

허리춤에는 청동 검도 차고 있었지.

"어제 강화 포구에 나갔었지? 거기에 배가 얼마나 있었어?"

"서너 척 정도 보았어요."

"우리 며칠 전에 마니산에 올라갔었잖아.

그때 먼바다에 배가 수십 척 떠 있었던 거 기억 나?"

바우는 고개를 끄덕였어. 그러고 보니 그 배가 어디로 갔을까?

"배들을 숨길 곳이 있을까?"

"앞 바다에 있는 장봉도 작은 섬 뒤라면 가능하죠.

하지만 마을 사람들이 그걸 가만 보고 있었겠어요?"

"우리 직접 가서 확인해 보자."

"그냥 족장님께 말씀드리는 게 낫지 않을까요?"

바우는 가슴이 콩닥거렸어.

"안 돼. 족장님은 한나라 상인을 화나게 하는걸 싫어하셔.

그자가 마을에 철을 녹이는 대장간을 만들어 줄 수 있다고

생각하시거든."

증거도 없이 한나라 상인을 몰아붙일 수는 없었어.

강돌은 바우를 태우고 말을 몰아 포구로 달려갔어.

말을 타고 가면서 바우가 물었지.

"한나라 상인이 우리를 도와줄 수도 있잖아요?"

"한나라는 항상 한반도 남쪽 사람들과 직접 거래하고 싶어 했어.
그런데 우리 고조선이 그걸 막고 있으니 불만이 많았지.
그런 그들이 만약 청동기보다 더 단단한 철을 가졌다면,
우리를 공격하려고 하지 않을까?"

듣고 보니 지나치게 친절한 한나라 상인이 이상하긴 했어.

"그러고 보니 저한테는 남쪽 물건을 사고 싶다고 했으면서
족장님께는 철기 기술을 팔겠다고 말을 바꾸었어요.
게다가 삼랑성의 병사들에 대해 꼬치꼬치 물어보고,
삼랑성으로 가는 길목에 붉은 끈으로 표시해 두기까지 했고요!"

"뭐라고? 길가 나무에 끈을 묶어 두었다고?"

강돌은 말을 멈춰 세웠어.

"마을을 몰래 염탐하러 온 첩자일 수 있어!"

강돌은 바우에게 소리화살을 건네주었어.

"너는 강화 포구로 가서 뱃사람들과 함께 섬 뒤편을 살펴봐.
난 곧장 마을로 돌아가서 이 사실을 알려야겠어."

강돌은 말머리를 돌려 삼랑성으로 달려갔지.

바우도 급히 포구로 향했어.

바우를 태운 배는 강화 앞바다에 있는 장봉도로 나아갔어.
장봉도를 배로 한 바퀴 빙 둘러보는 게 가장 확실하지만,
적들이 정말 숨어 있다면 금방 잡힐 거야.
어떻게 하면 좋을까? 뱃사람들은 나눠서 가기로 했어.
일부는 몰래 마을로 들어가고, 바우와 몇몇은 배를 타고
섬을 살펴보기로 했지.
바우는 배 위에서 소리화살을 꽉 움켜잡았어.
'삐거덕, 삐거덕.'
해안가를 따라 노를 저어 갔어.

모퉁이를 돌자, 섬 뒤편 해안가에 숨어 있던 배들이 보였어.
놀랄 틈도 없이 바우가 탄 배 위로 불화살이 날아왔어.
배를 불태워 없애 버릴 작정인가 봐.
바우는 강돌이 건네준 소리화살을 공중으로 높이 쏘아 올렸어!
'피융.'
소리화살은 커다란 소리를 내면서 하늘로 솟구쳤어.
'적들이 침입했어!'

바우와 뱃사람들은 불타는 배를 버리고 바다로 뛰어들었어.

간신히 섬으로 헤엄쳐 올라왔지만, 적에게 포로로 잡히고 말았어.

이미 적들이 장봉도를 차지하고 있었던 거야.

바우와 일행은 어두운 골방에 갇혔어.

바우 말고도 많은 섬마을 사람이 묶여 있었지.

다행히 몰래 마을로 들어간 사람들은 보이지 않았어.

그들이 소리화살 소리를 듣고 연기를 피워 주길 바랐어.

갇힌 사람들은 이제 곧 큰 전쟁이 나고, 모두 노예로 끌려갈 거라고 했어.

아이들은 훌쩍훌쩍 울어 댔지.

바우는 강돌이 삼랑성으로 달려갔다면서 사람들을 안심시켰어.

한편, 강돌은 빠르게 삼랑성으로 내달렸어.
가는 길에 나뭇가지에 묶인 붉은 끈도 끊어서 챙겼지.
"나는 건넛마을 족장님의 조카 강돌이오! 적이 침입했소!"
강돌은 삼랑성 군장에게 꺾어 온 나뭇가지를 내보였어.
그러고는 수상한 한나라 상인에 대해 이야기했어.

삼랑성의 군장이 물었지.
"그것만 가지고 어떻게 적이 침입했다는 걸
증명할 수 있느냐?"
그때 병사가 들어와 외쳤어.
"장봉도에 연기가 피어올랐습니다!"
군장은 자리에서 일어나 외쳤지.
"즉시 마니산으로 올라가 연기를 피워
모든 마을에 적의 침입을 알려라!"

얼마 후 마니산 참성단에서 흰 연기가 뭉게뭉게 피어올랐어.
마을의 울타리는 모두 굳게 닫히고 길 여기저기에 목책이 놓였어.
삼랑성의 군장은 얼마 전 한나라 상인이 가져다준 철 검을 보았지.
'청동 검으로 이 철 검에 맞서 싸워 이길 수 있을까?'
그때 강돌이 말했어.
"섬에 있는 우물들을 돌로 메우고 논밭을 불태우면 어떨까요?"

장봉도에 숨어 있던 한나라 군대도 연기를 보았지.
기습 작전이 실패로 돌아간 걸 알아채고는 곧장 강화도를 공격했어.
쾅쾅. 굴러가는 바위, 비처럼 쏟아져 내리는 화살,
챙챙 부딪히는 칼 소리…….
사람들의 어지러운 비명과 함께 전투는 며칠간 이어졌어.
청동 검은 철 검에 쉽게 부러졌지만,
마을 사람들은 물러나지 않았어.
전쟁은 꼭 칼과 창만으로 싸우는 건 아니었어.

강돌의 제안으로 우물을 메우고 논밭을 불태워 놓은 덕분에 적들은 점점 마실 물과 식량이 바닥나고 있었어.
결국 한나라 군대는 다시 자기 나라로 돌아가야만 했단다.
장봉도 골방에 갇혀 있던 바우와 사람들도 곧 풀려났어.
족장님은 바우와 강돌의 어깨를 두드렸지.
"잘했다. 너희들 덕분에 마을을 지켜 낼 수 있었구나!"

그해, 제천 행사에는 강돌과 바우도 특별히 참석했단다.
비록 전쟁 때문에 곡식은 거둘 수 없었지만,
나라를 지켜 냈다는 사실에 감사해했지.
머나먼 이국땅에 노예로 끌려가는 것보다는 나았으니까.

바우는 참성단 너머 너른 바다를 힐끗 보다가 물었어.

"강돌 님, 가족을 찾으러 진짜 떠나실 거예요?"

"나는 삼랑성에서 마을을 지키기로 했어.

또 언제 적이 침입해 올지 모르니까."

강돌이 계속 마을에 있는다고 생각하니 바우는 기뻤어.

"여기에 가족이 있고 친구가 있는걸. 이제 할아버지 뜻을 알겠어.

그들을 지켜 주길 바라셨던 거야."

바우도 강돌처럼 마을을 지킬 수 있는 일을 하고 싶었어.

시간이 흐르고 흘러 한반도 전역의 사람들은
귀한 청동 검 대신 날카로운 철 검을 들었어.
투박한 돌보습 대신 단단한 철 쟁기를 만들었지.
바우는 상인을 따라 철이 많이 난다는 가야로 가기로 했어.
그곳은 철기를 생산하고 제작하는 기술이 아주 뛰어나다고 해.
"강돌 님, 최고의 기술자가 되어 돌아올게요!"
사람들은 바우처럼 열심히 철기 기술을 배워 나갔어.
농부들은 튼튼한 철 쟁기, 철 보습으로 땅을 파고,
깊게 파인 흙 속에 씨앗을 뿌렸지.
다시금 강화도의 너른 들판에 곡식이 익어 가기 시작했단다.

하지만 단단한 철이 언제나 좋은 것만은 아니었어.
사람들은 날카로운 철 검을 들고 전쟁터로 가는 일이 많아졌어.
힘없는 부족들의 땅을 짓밟고, 사람들을 포로로 끌고 갔지.
부족들은 서로 힘을 모아 더 큰 나라를 만들어 전쟁에 대비했어.
연맹 국가가 많아지면 많아질수록 전쟁은 더 자주 일어났어.

어느 날부터 사람들은 더 이상 참성단에 올라오지 않았어.
바람결에 들리는 말로는 한나라에 의해 고조선이 사라졌대.
땅을 빼앗길 수 없었던 고조선은 격렬하게 싸웠지만
전쟁에서 지고 말았어.
한나라의 지배를 받기 싫었던 사람들은 뿔뿔이 흩어졌어.
강화도에는 남쪽으로 내려가려는 사람이 많이 들어왔지.
그로부터 얼마 있지 않아 북쪽에는
부여, 고구려, 옥저, 동예라는 작은 나라가 세워졌어.
남쪽에는 마한, 진한, 변한이 생겨났어.
사람들이 다시금 삼삼오오 모여 새로운 나라를 만든 거야.

강화도는 언제나 한반도의 길목이자, 피난처였어.

대륙에서 침략해 오는 몽골군을 피해 나라를 지킨 곳이었고,

바다를 건너 한반도로 들어가려는 적들을 물리친 곳이었지.

조선의 문을 두들기던 서양의 침략이 이어졌을 때도

강화도에서 치열하게 이들을 막아 냈어.

한강을 거슬러 서울로 들어가는 입구인 강화를 지켜 내지 못하면

우리 민족을 지킬 수 없다고 생각했어.

사람들은 참성단에서 단군왕검에게 제사를 지내며
다시금 새롭게 나라를 세우자고 외쳤지.
먼 옛날 단군왕검이 나라를 세우고
사람들의 마음을 하나로 모았듯이 한마음으로 뭉치자고 말이야.
오늘날, 단군왕검이 나라를 세웠다는 개천절이 되면
사람들은 우리 민족의 시작인 단군왕검에게 제사를 지낸단다.
혹시나 또다시 우리 민족에게 어려움이 닥쳐도
단군왕검의 자손들은 하나로 뭉쳐 이겨 내겠지.

여기 강화도 마니산 정상에서는

아름다운 서해가 한눈에 보여.

하늘엔 뭉게구름이 떠 있고

푸른 바다에는 크고 작은 섬들이 그림처럼 펼쳐져 있지.

해안가에 보이는 넓은 평야에 벼가 익어 가고,

바다에서는 한창 고기잡이가 열심일 때면

나는 먼 옛날 청동기 시대에 살았던

바우와 강돌의 이야기를 떠올리곤 해.

평화로운 어느 계절에 아름다운 섬, 강화도에 찾아온다면

한번쯤 이곳 마니산으로 나, 참성단을 보러 와 주겠니?

강화 참성단이 들려주는 고조선 이야기

고조선은 한반도에 세워진 최초의 나라예요. 기원전 2333년 단군왕검이 요동과 한반도 서북부의 여러 부족을 통합하여 세운 나라지요. 고조선은 청동기 문화를 바탕으로 크게 성장했지만, 철기 문화를 앞세운 한나라의 침입으로 사라졌어요. 비록 고조선은 멸망했지만, 사람들은 철기 문명을 받아들여 새로운 나라를 세웠지요. 이들의 역사는 우리 민족의 역사가 되었어요. 그럼, 우리는 역사가 어떻게 시작되었는지 살펴봐요.

고조선은 어떻게 탄생했나요?

우리 민족이 세운 첫 국가, 고조선은 여러 부족을 하나로 뭉쳐서 만든 나라예요. 고조선의 원래 이름은 '조선'이었는데, 후대에 이성계가 건국한 조선과 구분하기 위해 옛날이라는 뜻을 가진 한자 고(古) 자를 붙였어요.

청동기 시대에는 부족 간의 전쟁이 심했어요. 전쟁에서 지면 식량을 뺏길 뿐만 아니라 포로로 끌려가기 때문에 서로 연합해서 큰 무리를 만드는 게 중요했지요. 그 과정에서 부족 간의 연맹체인 '나라'가 만들어졌답니다. 우리 민족의 첫 국가인 고조선도 그렇게 탄생했어요.

건국 신화로 고조선을 알아봐요

서로 다른 부족을 한 마음으로 뭉치기 위해서는 서로를 연결해 주는 무언가가 필요했어요. 건국 신화가 바로 그런 역할을 했지요. 각 나라의 건국 신화를 보면, 그 나라의 문화와 역사, 풍습 등을 엿볼 수 있답니다.

고조선은 농사를 중요하게 생각했어요

고조선의 건국 신화를 보면 환웅이 하늘에서 내려올 때 그를 따르는 세 명의 신하를 데리고 와요. 비를 부르는 신과 구름을 다루는 신, 그리고 곡식의 신이지요. 비와 구름은 농사를 짓는 데 매우 중요해요. 이를 통해 고조선 사람들이 일찍부터 농사를 지었다는 걸 알 수 있어요.

물론 사냥이나 고기잡이도 했지만, 농업의 비중이 점차 커졌어요. 조, 보리, 콩, 수수와 같은 밭농사가 중심이었지만, 일부 지역에서는 벼농사를 짓기 시작했어요.

고조선이 멸망한 이후 들어선 부여 또한 농사를 중요하게 여겼어요. 부여는 부족을 지배하는 부족장들의 연합으로 이루어졌어요. 그중 큰 부족으로는 마가, 우가, 저가, 구가가 있었어요. 이는 각각 말, 소, 돼지, 개를 나타내지요. 이를 통해 부여 사람들이 말과 소, 개, 돼지를 길렀을 뿐 아니라 목축을 중요하게 여겼다는 사실을 알 수 있어요.

고조선에도 법이 있었어요

고조선 건국 신화를 보면 곰과 호랑이에게 쑥과 마늘을 먹고, 동굴 밖으로 나가지 말라고 해요. 이는 함께 살기 위해서는 꼭 지켜야 하는 '법'이 있다는 뜻이에요. 기록에 의하면 고조선 사회에는 여덟 개의 법이 있

윷놀이는 부여에서 시작되었어요
윷놀이의 도, 개, 걸, 윷, 모는 각각 돼지, 개, 양, 소, 말을 뜻해요. 이는 부여의 부족인 마가, 우가, 저가, 구가에서 유래했지요. 부여에서 시작된 윷놀이는 훗날 중국으로 건너가 저포놀이가 되었답니다.

었대요. 이를 '8조법'이라고 하지요. 현재는 그중 세 개의 조항만이 전해져 오고 있어요.

- **사람을 죽인 자는 사형에 처한다.**
- **남을 다치게 한 자는 곡식으로 갚는다.**
- **도둑질한 자는 노비로 삼으며, 노비가 되지 않으려면 50만 전을 내야 한다.**

이 법 조항을 보면 사람을 다치게 하거나 죽이면 반드시 그 책임과 대가를 치르게 했다는 것을 알 수 있지요. 고조선 사회가 생명을 매우 중요하게 여겼던 거예요. 또한 50만 전이 어느 정도의 가치인지는 알 수 없지만 노비라는 말을 보면, 고조선은 평등한 사회가 아니라 신분 사회였다는 것을 알 수 있지요.

고조선과 청동기 문화

고조선은 청동기를 사용했어요. 청동은 다루기 어렵고, 귀한 재료였어요. 그래서 주로 지배층인 족장(혹은 군장)의 무기, 제사 도구, 꾸미개 등을 만들 때 사용했지요. 이들은 청동이나 철로 된 금속제 무기로 주변의 약한 부족을 정복하고, 특산물을 바치라고 요구하는 일들이 많아졌어요. 평등했던 사회가 점차 계급 사회로 바뀌어 갔지요.

고조선과 관련한 유물로는 미송리형 토기와 비파형 동검이 있어요. 이 유물은 동북아시아의 청동기 시대 역사를 알아보는 중요한 자료예요. 고조선의 문화권을 확인할 수 있지요.

그럼 고조선과 관련 있는 여러 유물을 자세히 살펴볼까요?

고조선 문화권과 유물 발견 지역

청동 검

고조선의 대표적인 유물이에요. 청동 검은 비파형 동검에서 세형 동검으로 발전했어요. 비파형 동검은 만주의 요령 지방과 한반도에서 많이 발견됐어요. 칼날이 뾰족하고 중간 부분이 불룩한 것이 특징이지요. 세형 동검은 주로 한반도에서 발견됐어요. 길고 뾰족하게 생겼지요.

비파형 동검   세형 동검

청동 거울

청동 거울은 거친 무늬 거울에서 잔무늬 거울로 발전했어요. 청동 검과 같은 지역에서 발견되고 있어요.

거친 무늬 청동 거울

민무늬 토기

무늬가 없고 적갈색을 띠는 토기예요. 그릇, 항아리, 병 등 여러 가지 형태로 만들어져서 일상생활이나 제사용으로 사용 했을 거라고 여겨져요. 미송리식 토기는 대표적인 민무늬 토기로, 달걀 형태의 몸체와 넓은 입구,

민무늬 토기

미송리식 토기

입술 모양의 손잡이가 있어요. 주로 한반도 북부와 만주 일대에서 발견되었지요.

강화도 부근리 고인돌

강화 부근리 지석묘

청동기 시대의 대표적인 무덤이에요. 우리나라 전역에서 볼 수 있지요. 무게가 수십 톤이나 되는 큰 덮개돌을 운반하려면 적어도 500명은 필요하다고 해요. 그래서 고인돌은 아마도 당시 지배층의 무덤이었을 거라 짐작했어요. 하지만 요즘에는 작은 고인돌도 발견되고 있어서 청동기 시대에 보편적인 무덤이었다는 주장도 있답니다.

강화도 고려산 기슭을 따라가면 수많은 고인돌이 있어요. 고인돌은 고대사를 연구하기에 좋은 자료이기 때문에 강화도 부근리 고인돌은 고창, 화순의 고인돌과 함께 현재 유네스코 세계문화유산으로 등록되었답니다.

강화 참성단은 어떤 곳인가요?

인천 강화군 마니산에 있는 돌로 만든 제단이에요. 기록에 따르면 단군왕검이 하늘에 제사를 지내기 위해 쌓았다고 해요. 단군왕검은 제사장을 의미하는 '단군'과 정치와 군사를 다스리는 '왕검'을 합친 단어예요. 정치와 제사가 분리되지 않은 제정일치 사회였다는 것을 알 수 있지요. 고려와 조선 시대에도 이 제단을 수리하고 보수했다는 기록이 있답니다.

제단은 두 개의 층으로, 아래는 둥글게, 위는 네모나게 쌓았어요. 둥근 모습은 하늘을, 네모난 모습은 땅을 상징하지요. 경주의 첨성대와 비

강화 참성단의 모습

숫해서, 별자리를 관측하기 위한 천문대라는 주장도 있지요. 하늘에 제사를 지낸다거나 하늘을 살펴 역법(달력)을 만드는 건 임금이 해야만 하는 아주 중요한 일 중 하나였어요. 농경 사회에서 계절에 따른 기후 변화 예측은 지배자의 권위를 증명하는 수단이었지요.

고려와 조선에서도 때때로 강화 참성단에서 제사를 지내기도 했어요. 조선 후기에는 우리 민족의 시조인 단군왕검에 관한 관심이 높아지면서 더욱 주목받기도 했지요. 그러다가 일제 강점기에 단군왕검을 숭배하는 대종교가 많은 독립운동가의 지지를 받으면서 우리 민족의 성지가 되기도 했어요.

오늘날에는 개천절 행사와 함께 전국체육대회의 성화를 이곳에서 붙이지요.

고조선 건국을 기념하는 날, 개천절

개천절(開天節)은 '하늘이 열린 날'이라는 뜻으로, 우리 민족의 첫 국가인 고조선의 건국을 기념하는 날이에요. 원래 음력 10월 3일이었다가 지금은 양력 10월 3일로 바뀌었지요.

사실 고조선의 정확한 건국일은 알 수 없어요. 하지만 전통적으로 음력 10월을 상달이라 하여 특별하게 생각했어요. 농사도 끝나고 한 해가 마무리되는 시기였으니까요. 고구려의 동맹, 동예의 무천 같은 제천행사도 10월에 열렸지요.

10월 3일이 개천절이 된 것은 일제 강점기에 단군왕검을 숭배하던 대종교가 강력하게 주장하면서 사람들의 공감을 얻었기 때문이에요. 민족 역사학자인 신채호도 우리 민족의 뿌리를 찾는 작업을 통해 독립 의지를 고취했답니다. 나라 잃은 설움과 나라를 되찾고자 하는 마음을 단군과 개천절을 기념함으로써 세상에 드러냈지요. 개천절 행사는 오늘날까지 계속 이어지고 있답니다.

새로운 연맹 국가들이 생겨났어요

청동기 문화를 바탕으로 발전해 오던 고조선은 기원전 108년 중국 한나라의 침입으로 멸망했답니다. 그들의 지배를 피해서 많은 사람들이 한반도 남쪽으로 이동했고, 크고 작은 나라가 세워졌어요.

북쪽에서 들어온 철기 문화는 시간이 지남에 따라 한반도 전역에 퍼졌어요. 철기 문화는 철제 농기구의 발달로 이어져 농업 생산량이 많아졌어요. 먹을 게 풍족해지자 인구도 늘어났지요. 하지만 인구 증가와 풍요는 정복 전쟁을 불러일으켰어요.

강력한 철제 무기를 바탕으로 주변 부족을 정복했기 때문에, 전쟁에서 이기기 위해서는 서로 연합하여 큰 무리를 만드는 게 중요했어요. 이렇게 여러 부족이 하나의 나라로 연합한 국가를 '연맹 국가'라고 해요.

연맹 국가는 여러 부족이 우두머리 국가를 중심으로 서로 돕고 행동하는 정치 체제를 갖추어 나갔어요. 연맹들의 우두머리, 즉 왕은 당연히 연맹 회의에서 뽑기 때문에 강력한 왕권을 행사할 수 없었어요. 날이 가물거나 비가 너무 많이 와서 농사를 망치기라도 하면, 왕의 잘못이라고 했지요. 왕은 그 책임을 물어 죽임을 당하기도 했답니다. 하지만 후대로 갈수록 왕권은 점점 더 강해졌어요. 연맹 국가가 고대 국가로 성장하게 된 것이지요.

부여와 고구려는 일찍부터 고대 국가로 성장한 나라였어요. 특히 고구려는 옥저와 동예를 자신의 영향권 안에 두었지요. 옥저와 동예는 고구려에 공물을 바치면서 살아남았으나 결국 고구려에 통합되었지요.

초기 철기 시대에 한반도에 자리한 여러 나라

한반도 남부에는 수많은 나라가 있었어요. 지금의 경기, 충청 전라도 지역에는 약 54개의 작은 나라들이 있었어요. 이 지역을 마한이라고 하는데, 그중에서 백제국이 마한을 통합하여 백제로 성장해요.

진한은 대구와 경주 지역의 12개의 작은 나라들을 말해요. 그중 사로국이 진한을 통합하여 신라로 발전했어요. 낙동강 유역에는 김해, 창원을 중심으로 12개의 작은 나라들인 변한이 있었어요. 이들 중 김해 지역의 구야국(금관가야)과 고령 지역의 대가야를 중심으로 가야 연맹이 나타났어요. 가야는 특히나 풍부한 철광산과 제철 기술을 가지고 있어 낙랑과 왜(일본)에도 철을 공급했어요. 철을 화폐처럼 사용하기도 했지요. 하지만 가야는 중앙집권국가로 성장하지 못하고 가장 먼저 신라에 통합되었지요.

마한, 진한, 변한을 통틀어 삼한이라고 한답니다.

철기 시대 유물들

청동으로 만든 무기는 물러서 전쟁이나 농사에 사용하기 어려웠어요. 그래서 지위를 과시하는 도구로 더 많이 사용했어요. 이 당시에는 여전히 나무나 돌로 만들어진 농기구를 사용했지요.

철제 무기는 싸움에서 실제로 사용할 수 있을 만큼 강력했어요. 또한 농기구로도 널리 활용되었지요. 단단한 철제 농기구는 땅을 더 깊이 팔 수 있었고, 오래 써도 닳아 없어지지 않았어요. 철제 농기구로 인해 농사

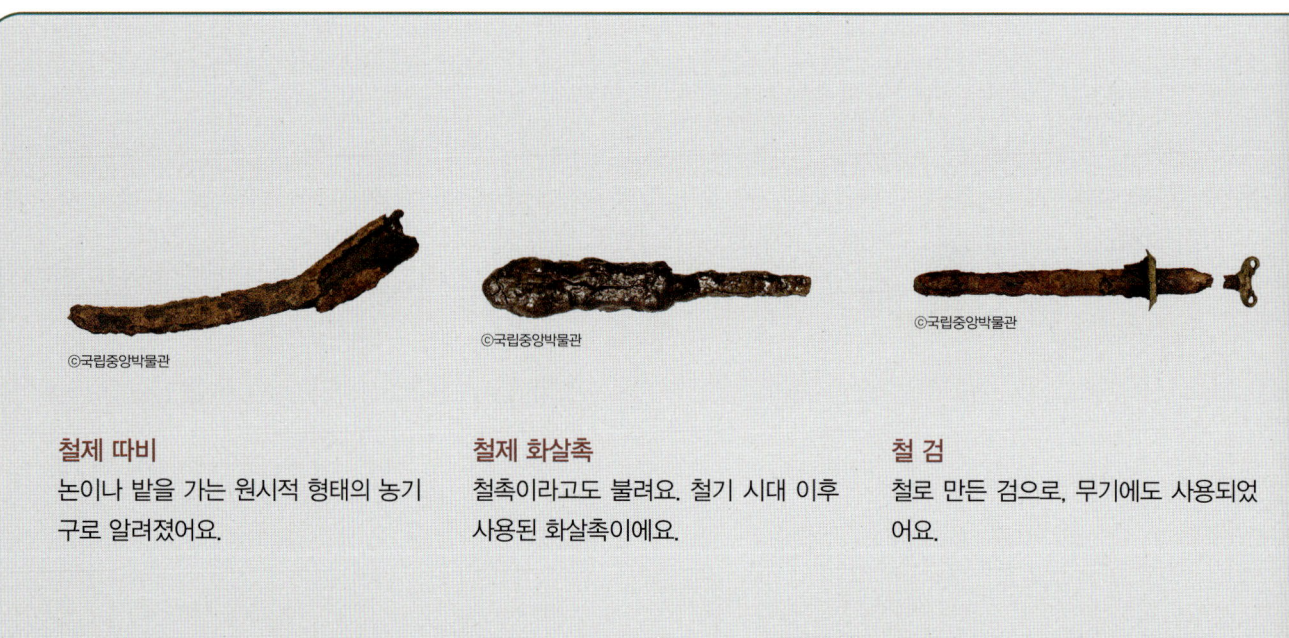

철제 따비
논이나 밭을 가는 원시적 형태의 농기구로 알려졌어요.

철제 화살촉
철촉이라고도 불려요. 철기 시대 이후 사용된 화살촉이에요.

철 검
철로 만든 검으로, 무기에도 사용되었어요.

짓기가 훨씬 더 수월해졌지요.

   삼한 시대에는 중국에서 다양한 재료가 들어왔어요. 수정, 마노, 호박 등 여러 색을 가진 광물과 유리 제작 기술로 만든 목걸이가 유행하기도 했어요. 사람들은 금이나 은보다 옥과 구슬을 더 귀하게 여겼지요. 철기 시대의 다양한 유물을 만나봐요.

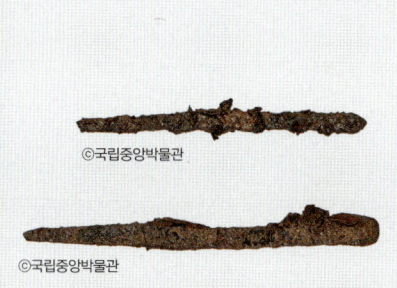

철제 끌
망치로 한쪽 끝을 때려서 나무에 구멍을 뚫거나 겉면을 깎고 다듬는데 쓰는 연장이에요. 이 유물을 통해 철기가 일상에서 쓰였다는 걸 알 수 있어요.

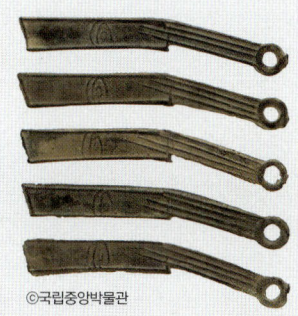

명도전
중국에서 돈으로 사용했어요. 중국과 무역했음을 알려 주는 유물이에요.

마노 목걸이
삼한 시대에 만들어졌어요. 마노 목걸이로 당시의 광물 제작 기술을 짐작할 수 있어요.

작가의 말

하늘 아래 새로운 것은 없어요

'옛날 사람들은 어떻게 살았을까?' 생각해 본 적이 있나요? 아니면 20년 후, 혹 50년 후 우리는 어떤 모습으로 살아갈까 상상해 본 적은 있나요? 우리가 타임머신을 타고 과거나 미래로 가 볼 수 없으니, 어떤 모습일지 사실 알 수가 없어요. 미래 역시 그럴듯하게 상상해 볼 수밖에 없지요.

사실 돌도끼를 들고 있었던 때나 스마트폰을 들고 살아가는 오늘날이나 사람들의 본질은 별반 다를 바가 없다고 하더군요. 그렇지만 손에 무엇이 있느냐에 따라 사람들이 살아가는 모습은 정말 많이 다르지요.

그런 의미에서 청동기와 철기의 발명은 우리의 삶에 엄청난 영향을 미쳤답니다. 특히나 도구와 무기의 발달 과정에서 혁신적인 변화를 불러왔어요. 재료를 구하기 힘들던 청동에 비해 철은 더 강하고 구하기도 쉬웠어요. 철제 농기구로 인해 더 많은 곡식을 수확할 수 있었고, 먹고 남는 곡식은 다른 물건과 바꿀 수도 있었으니까 상업과 무역이 발달했어요. 이런 경제적 발전은 고조선이 더 큰 힘을 가진 고대 국가로 성장해 나가는 발판이 되었답니다.

물론 좋은 점만 있었던 건 아니지요. 철제 무기는 군사력을 강화했고, 이에 따라 전쟁이 더 많아졌어요. 또한 다양한 신분과 직업도 나타났답니다.

철기의 발명은 단순한 기술이나 도구의 혁신이 아니었어요. 사회, 경제, 문화 등 인류의 삶 모든 부분에 엄청난 변화를 불러왔어요. 오늘날 우리가 누리는 문명의 기반을 마련한 시기도 철기 시대이지요.

저는 요즘이 청동기와 다른 새로운 금속, 철제 농기구, 철제 무기들이 밀려오는 시대 같아요. AI 시대를 살아갈지도 모른다고 하니까요. AI 혁명은 차원이 다른 변화를 우리 삶에 가져다 놓을지도 모른다고 하더군요. 어쩌면 역사의 전환점이 될지도 모르는 시대를 지금 우리가 살아가는 건 아닐까요?

철기의 등장은 고조선을 사라지게 하고 새로운 고대 국가의 탄생을 불러왔지요. 큰 시대의 흐름을 바꿀 수는 없었지만, 최선을 다해 현재를 살아간 강돌과 바우, 두 소년의 용감한 이야기가 여러분의 마음에 잠시나마 남았으면 합니다. 내일 당장 어떤 변화가 다가올지 모르고, 큰 소용돌이가 우리 주변을 휘감아도 너무 놀라지 않길 바라 봅니다. 하늘 아래 새로운 것은 없다고 역사가 늘 이야기하니까요.

김일옥

"혹시나 또다시 우리 민족에게 어려움이 닥쳐도 단군왕검의 자손들은 하나로 뭉쳐 이겨 내겠지."

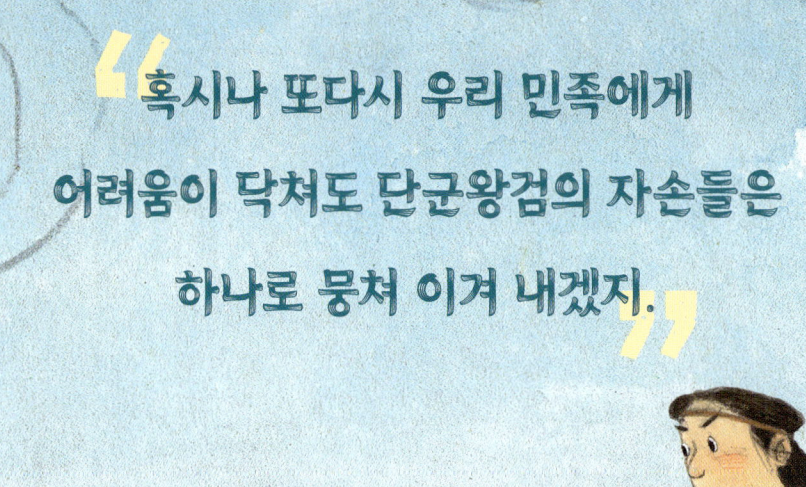